AF314219

CATALOGUE
DES LIVRES

COMPOSANT LA

BIBLIOTHÈQUE DE M***

SUIVI D'UN CATALOGUE DE

LIVRES ORIENTAUX

La vente aura lieu le lundi 13 décembre 1869,
et les deux jours suivants, à 7 heures du soir

Rue des Bons-Enfants, 28 (maison Silvestre)
SALLE N° 2

Par le ministère de Mᵉ **DELBERGUE-CORMONT**, commissaire-priseur
Rue de Provence, 8

Histoire de la Bible, de Bassinet. — Ouvrages
sur la magie. — Rétif de la Bretonne. — OEuvres
de Dorat. — Histoire des provinces de France. —
Ouvrages d'archéologie de M. Peigné-Delacourt. —
— Balzac, Elzevir, etc., etc.

PARIS
ADOLPHE LABITTE, LIBRAIRE
4, RUE DE LILLE, 4.

1869

CONDITIONS DE LA VENTE.

Au comptant.

Les acquéreurs payeront cinq centimes par franc en sus des enchères, applicables aux frais.

Il y aura exposition de deux heures à quatre heures des ouvrages qui seront vendus le soir.

ORDRE DES VACATIONS.

Paris. — Imprimerie Adolphe Lainé, rue des Saints-Pères, 19.

CATALOGUE
DES LIVRES

PROVENANT DE LA

BIBLIOTHÈQUE DE M***

SUIVI D'UN CATALOGUE DE LIVRES ORIENTAUX

THÉOLOGIE.

1. La Sainte Bible, contenant l'Ancien et le Nouveau Testament, traduction par le Maistre de Sacy, illustrée de 180 fig. d'après les grands maîtres. *Paris, J. Bry,* 1851, gr. in-8, d.-rel. v.

2. Histoire sacrée de l'Ancien et du Nouveau Testament, représentée par figures, avec des explications tirées des SS. Pères, par A.-J. D. Bassinet et l'Ecuy. Orné de 3 cartes géographiques, de 2 portraits et de plus de 150 estampes dessinées d'après Raphaël, Rubens, le Poussin, le Guide, etc., par Voysard. *Paris, Desray,* 1804-1806, 8 vol. in-8, d.-rel. chag. v.

3. L'Histoire du Vieux et du Nouveau Testament, par Royaumont. *Paris et Liége, Bassompierre,* 1785, in-8, bas. fig.

4. Le Pseautier de David, trad. en françois, avec des notes tirées de S. Augustin. *Paris, L. Josse,* 1716, in-12, front. grav. mar. v. dos et plats ornés, tr. dor.

5. Les Tableaux de la Pénitence, par messire Antoine Godeau. *Paris, L. Billaine,* 1663, in-12, fig. cart.

6. Le Nouveau Testament de Nostre-Seigneur Jésus-Christ, traduit en françois. *Mons, Gasp. Migeot,* 1667, 2 vol. in-12, v. br.

7. Instructions sur la version du Nouveau Testament impri-
mée à Trévoux en 1702, par Bossuet. *Paris, Anisson,* 1702,
in-12, v. br.

8. Le Livre des Psaumes, traduit sur la Vulgate en vers français, par M. de Cardonnel et M. C. Debar. *Paris, Gaume,*
1841, in-8, d.-rel. mar. r.

9. Vie de Jésus, en figures. *Paris,* 1667, in-4, v. br.

10. Recherches historiques sur la personne de Jésus-Christ,
sur celle de Marie, par G. Peignot. *Dijon, V. Lagier,* 1829,
in-8, d.-rel. v. bl.

11. Vie de Jésus, par le docteur Strauss, trad. de l'all. par
E. Littré. *Paris, Ladrange,* 1864, 2 vol. in-8, br.

12. Morale de Jésus-Christ et des Apôtres. *Paris, Didot,* 1785,
2 t. en 1 vol. in-12, bas.

13. Histoire de la très-sainte Vierge, précédée d'une notice
historique sur le pèlerinage de Fresneau, par l'abbé Nadal.
Valence, 1860, in-16, br.

14. Histoire de la vie et de la mort de S. Moutain, confesseur,
par Joseph. *Saint-Quentin, C. Le Queux,* 1656, in 12, m.
br. dos et plats ornés, tr. dor.

15. Les Evangélistes, par L. Rubenn. *Paris, Arthus Bertrand,*
1862, in-8, br.

16. De Imitatione Christi. *Parisiis, Méquignon,* 1823, in-18,
front. grav. v. r. fil. tr. dor.

17. L'Imitation de Jésus-Christ, trad. de P. de Gonnelieu.
Paris, L. Janet, 1821, in-12, fig. d'après Horace Vernet,
mar. v. fil. dos orné, tr. dor.

18. L'Imitation de Jésus-Christ, trad. nouv., par l'abbé de La-
mennais. *Paris, imp. Didot,* 1825, gr. in-8, fig. de Devéria,
d.-rel. chag. n.

19. Explication des cérémonies de l'Eglise, par dom Claude
de Vert. *Paris, Florentin Delaulne,* 1709, 4 vol. in-8,
v. m.

20. Missale Parisiense. *Parisiis, sumptibus Bibliopolarum,*
1777, in-folio, v. br. tr. dor.

21. La Piété du moyen âge, par A. de Martonne. *Paris, Dumoulin,* 1855, in-8, br.

22. Oraysons très-dévotes, plaisantes et bien composées en
l'honneur de la royne de Paradis, publié par Chassant.
Evreux, 1838, in-8, br.

23. De la Fréquente Communion, par M. Antoine Arnauld.
Paris, P. le Petit, 1656, in-8, v. br.

24. Traité de la communion sous les deux espèces, par Bossuet. *Paris, S. M.-Cramoisy*, 1682, pet. in-12, cart.

25. Conférence avec M. Claude, ministre de Charenton, sur la matière de l'Eglise, par Bossuet. *Paris, S. M.-Cramoisy*, 1682, in-12, v. br.

26. Traité de l'Exposition du Saint-Sacrement de l'autel, par M. J.-B. Thiers. *Paris*, 1677, 2 vol. in-12, v. m.

27. Les Six Livres du sacrement de l'autel pour la confirmation du peuple françois, par J. d'Albin de Valzerg. *Paris, G. Chaudière*, 1617, in-8, rel.

28. Sermons de piété pour réveiller l'âme à son salut, par Fabrice de la Bassecour. *Amsterdam, L. Elzévier*, 1645, in-12, parch.

29. De l'Abus des nudités de gorge, attribué à l'abbé J. Boileau. *Paris, A. Delahays*, 1858, in-16, br.

30. Des Pensées de Pascal, par V. Cousin. *Paris, Ladrange*, 1844, in-8, br.

31. Histoire de l'image miraculeuse de Notre-Dame de Liesse, par M. Villette. *Laon, J. Calvet*, 1769, in-8, fig. v. br.

32. Dictionnaire critique des reliques et des images miraculeuses, par J.-A.-S. Collin de Plancy. *Paris*, 1821, 3 vol. in-8, d.-rel. v. r.

33. Histoire admirable de la possession et conversion d'une pénitente séduite par un magicien, par le R. P. Fr. S. Michaelis. *Paris, Ch. Chastellain*, 1613, in-8, parch.

34. Histoire de l'établissement des moines mendiants. *Avignon, aux dépens des libraires associés*, 1767, in-12, d.-rel. n. rogn.

35. Histoire de l'hérésie des Iconoclastes et de la translation de l'empire aux François, par le Père L. Maimbourg. *Paris, S. M.-Cramoisy*, 1679, 2 vol. in-12, v. br.

36. Les Imaginaires, ou Lettres sur l'hérésie imaginaire, par le sieur Damvilliers. *Liége, A. Beyers*, 1667, 2 vol. in-12, ch. noir.

37. Anatomie de la messe, par P. du Moulin. *Genève, P. Gamouet*, 1641, in-8, parch.

A la suite : *Le Capucin*, par P. Du Moulin. *Genève*, 1641.

38. Advis et Devis de la source de l'idolâtrie et tyrannie papale, par quelle practique et finesse les papes sont en si haut degré montez, par F. Bonivard. *Genève, G. Fick*, 1856, in 8, parch.

39. Abrégé de l'origine de tous les cultes, par Dupuis. *Paris, Agasse, an VI*. — Des Cultes qui ont précédé et amené l'i-

dolâtrie, ou l'adoration des figures humaines, par A. Dulaure. *Paris*, 1805, 2 vol. in-8, d.-rel.

40. La Porte ouverte pour parvenir à la connoissance du pa-
ganisme caché. *Amsterdam, J. Schipper*, 1670, in-4, v. br.

41. L'Alcoran de Mahomet, trad. de l'arabe par André du
Ryer. *Amsterdam, Arkstée*, 1770, 2 vol. in-12, v. m.

42. Le Koran, trad. nouv. par M. Kasimirski. *Paris, Charpentier*, 1852, in-12, d.-rel.

43. Le Bouddha et sa religion, par J. Barthélemy Saint-Hilaire.
Paris, Didier, 1862, in-12, d.-rel.

SCIENCES.

44. Etudes sur la Théodicée de Platon et d'Aristote, par Jules
Simon. *Paris, Joubert*, 1840, in-8, br.

45. Les Essais de Michel de Montaigne. *Paris, Christ. Journel*, 1659, 3 vol. in-12, portr. v. br.

46. De la Sagesse, trois livres, par Pierre Charron, Parisien.
Paris, David Douceur, 1613, in-8, parch.

47. De la Sagesse, par P. Charron. *Paris, Ch. Journel*, 1657,
in-12, front. grav. v. f. fil. tr. dor.

48. De la Sagesse, trois livres, par P. Charron. *Amsterdam*,
1782, 2 vol. in-8, v. m.

49. Les Charactères des passions, par le sieur de La Chambre.
Amsterdam, A. Michel, 1658, in-12, bas.

50. Les Caractères de La Bruyère, suivis des Caractères de
Théophraste, traduits du grec par le même. *Paris, Werdet*,
1829, 2 vol. in-8, portr. d.-rel. chag. r.

51. Introduction aux Œuvres de Spinoza, par Emile Saisset.
Paris, Plon, 1843, in-8, br. — De la Philosophie du moyen
âge, depuis le VIIIᵉ siècle jusqu'à l'apparition en Occident
de la physique et de la métaphysique d'Aristote, par G.-A.
Patru. *Paris, Fain*, 1848, in-8, br. — Etude sur le Syn-
tagma philosophicum de Gassendi, par L. Mandon. *Mont-
pellier, Grollier*, 1858, in-8, br.

52. Le Faut-mourir et les excuses inutiles qu'on apporte à cette nécessité, par M. Jaques Jaques. *Lyon, J. Canier,* 1684, in-12, v. v. fil. tr. dor.

53. Les Eléments ou premières Instructions de la jeunesse, par E. de Blégny. *Paris, G. Cavelier,* 1735, in-8, portr., mod. d'écrit., d.-rel. v. br.

54. Education domestique, ou lettres de famille sur l'éducation, par madame Guizot. *Paris, Leroux,* 1826, 2 vol. in-8, d.-rel. v. v.

55. Cours d'instruction d'un sourd-muet de naissance, par Sicard. *Paris, Le Clère,* 1803, in-8, fig. et tableaux, br.

56. De l'Education des sourds-muets de naissance, par M. Degérando. *Paris, Méquignon l'aîné,* 1827, 2 vol. in-8, d.-rel. v. f.

57. Les Six Livres de la République de Jean Bodin, Angevin. *Lyon, pour Barthelemy Vincent,* 1593, in-8, parch.

58. L'Horloge des Princes, avec le très-renommé livre de Marc-Aurèle, recueilly par don Antoine de Guevare, trad. par Herberay, seigneur des Essarts. *Paris, J. Macé,* 1566, p. in-8, v. br.

59. Idées d'une république heureuse, ou l'Utopie de Thomas Morus, chancelier d'Angleterre, traduite en françois par Gueudeville. *Amsterdam, T. l'Honoré,* 1730, in-12, fig., v. m.

60. Frégier. Des Classes dangereuses de la population dans les grandes villes et des moyens de les rendre meilleures. *Paris, G.-B. Baillière,* 1840, 2 vol. in-8, br.

61. De la Prostitution dans la ville de Paris, par Parent-Duchâtelet. *Paris, G.-B. Baillière,* 1836, 2 vol. in-8, d.-rel. v.

62. Recueil des traités de commerce et de navigation de la France avec les puissances étrangères, depuis la paix de Westphalie en 1648, suivi du Recueil des principaux traités de même nature conclus par les puissances étrangères entre elles depuis la même époque, par le comte d'Hauterive et le chevalier de Cussy. *Paris, Rey et Gravier,* 1834, 10 vol. in-8, br.

63. Nouveau Cours de mathématiques à l'usage de l'artillerie et du génie, par M. Bélidor. *Paris, Nyon,* 1757, in-4, v. m.

64. La Manière universelle de Mr de Sargues, Lyonnois, pour placer l'essieu, les heures et autres choses aux cadrans au soleil, par A. Bosse. *Paris, P. Des Hayes,* 1643, in-8, v. br. — Traité des pratiques géométrales et perspectives enseignées dans l'Académie royale de la peinture et sculpture, par A. Bosse. *Paris,* 1665, in-8, v. br. — En tout 3 vol.

65. Annuaire, publié par le bureau des Longitudes. *Paris, Bachelier*, 1803-65, 30 vol. in-12, br. (Il y a des lacunes.)

66. Essais sur la Marine française, par le prince de Joinville. *Paris*, 1853, in-12, br.

67. Discours œconomique, non moins utile que récréatif, monstrant comme de 500 livres pour une foys employées, l'on peut tirer par an 4,500 livres de proffict honneste, par M. Prudent le Choyselat. *Rouen, M. le Ménestrier*, 1612, in-12, v. br.

68. Physiologie des Passions, par J.-L. Alibert. *Paris, Béchet*, 1825, 2 vol. in-8, d.-rel. v. g.

69. Histoire naturelle de l'homme et de la femme, par A. Debay. *Paris, Dentu*, 1863, in-12, fig. d.-rel. mar. bl.

70. La Mégalanthropogénésie, ou l'art de faire des enfants d'esprit, par Robert. *Paris, Le Normant*, 1803, 2 vol. in-8, br.

71. La Nymphomanie, ou traité de la fureur utérine, par M. D.-T. de Bienville. *Amsterdam*, 1784, in-12, d.-rel.

72. Traité des pierres de Théophraste, traduit du grec avec des notes, par Hill. *Paris, J.-T. Hérissant*, 1754, in-12, v. r. f. tr. dor.

73. Souvenirs d'un Naturaliste, par A. de Quatrefages. *Paris, Charpentier*, 1854, 2 vol. in-12, d.-rel. ch. v.

74. L'Oiseau, par J. Michelet. *Paris, Hachette*, 1858, in-12, d.-rel. ch. br. tr. dor. — L'Insecte, par J. Michelet. *Paris, Hachette*, 1858, in-12, d.-rel. ch. br. tr. dor.

75. Les Papillons, par Ch. Malo. *Paris, Janet, s. d.*, in-18, fig. col., mar. r. dos et plats ornés, tr. dor.

76. Economie rurale, traduction du P. Vanière, par Berland. *Paris*, 1756, 2 vol. in-12, v.

77. Traité théorique et pratique sur la culture des grains, suivi de l'Art de faire le pain, par Parmentier, Lasteyrie et l'abbé Delalause. *Paris, Delalain*, 1802, 2 vol. in-8, br.

78. Le Cuisinier françois, enseignant la manière de bien apprester toutes sortes de viandes. *Paris, P. David*, 1654, in-8, parch.

79. La Oille. Mélange ou assemblage de divers mets pour tous les goûts, par un vieux cuisinier gaulois. *Constantinople*, 1733, in-12, front. grav. cart.

80. Observations sur notre instinct pour la musique et sur son principe, par Rameau. *Paris, Prault*, 1754, in-8, br.

81. La Connoissance parfaite des chevaux, contenant la manière de les gouverner. *Paris, P. Ribou*, 1712, in-8, v. m.

82. L'Art du manége, pris dans ses vrais principes, suivi d'une nouvelle méthode pour l'embouchure des chevaux, par le baron de Sind. *Vienne,* 1772, in-8, portr. d.-rel. ch. br.

83. Le Chasseur au chien d'arrêt, par Elzéar Blaze. *Paris, Barba,* 1839, in-8, d.-rel. v. v.

84. Le Chasseur rustique, par Adolphe d'Houdetot; suivi d'un traité complet sur les maladies des chiens, par J. Proudhomme. *Paris, Charpentier,* 1847, in-8, d.-rel. fig. v. br.

85. La Chasse royale, composée par le roy Charles IX, précédée d'une introd. par H. Chevreuil. *Paris, A. Aubry,* 1858, in-12, portr. br.

86. La Chasse à la haie, par Peigné-Delacourt. *Paris, veuve Bouchard-Huzard,* 1858, p. in-fol. fig. col. br.

87. L'Art de tourner ou de faire en perfection toutes sortes d'ouvrages au tour, par le R. P. Charles Plumier. *Lyon, Jean Corte,* 1701, in-fol. fig. v. br.

88. L'Art du relieur-doreur de livres, par Dudin. 1772, in-fol. br. — L'Art du coutelier, par Fougeroux-de-Bondaroy. 1772, in-fol. br. — Art du tailleur, contenant le tailleur d'habits d'hommes, par M. de Garsault. 1769, in-fol. br. — Art du cordonnier, par M. de Garsault. 1769, in-folio, br.

89. Traité d'orfévrerie, bijouterie et joaillerie, par Placide Boué. *Paris, Delaunay,* 1832, 2 vol. in-8, br.

90. Dictionnaire infernal, par J. Collin de Plancy. *Paris, Bray,* 1853, gr. in-8, d.-rel. v. v.

91. Histoire et traité des sciences occultes, par le comte de Résie. *Paris, L. Vivès,* 1857, 2 vol. in-8, br.

92. Le Triomphe hermétique ou la pierre philosophale victorieuse. *Amsterdam, H. Wetstein,* 1699, in-12, d.-rel. — La Physique occulte, ou traité de la baguette divinatoire. *La Haye, Ad. Moetgens,* 1722, in-12, front., v. br. — Les Secrets les plus cachés de la philosophie des anciens, découverts et expliqués à la suite d'une histoire des plus curieuses, par Crosset de la Haumerie. *Paris, d'Houry fils,* 1722, in-12, v. br. — Lettre de M. de Saint-André au sujet de la magie. *Paris, Despilly,* 1725, in-12, v. br. — Le Comte de Gabalis, ou Entretiens sur les sciences secrètes, par l'abbé de Villars. *Londres, Vaillant,* 1742, in-12, v. br.

93. Lettres cabalistiques, ou Correspondance philosophique, historique et critique entre deux cabalistes. *La Haye, P. Paupie,* 1741, 6 vol. in-12, front. gr. v. gr.

94. Le Monde enchanté, ou Examen des communs sentiments touchant les esprits, etc...., divisé en 4 parties,

par B. Bekker. *Amsterdam,* 1694, 4 vol. in-12, portr. v. br.

95. Histoire curieuse des sorciers depuis l'antiquité jusqu'à nos jours, par le R. P. Nath. de Giralda, revue et augm. par M. Fornari. *Paris, Librairie populaire, s. d.,* in-8, fig. d.-rel.

96. Histoire de la magie en France, par M. Jules Garinet. *Paris, Foulon,* 1818, in-8, front. gr, v. f.

BEAUX-ARTS.

97. Dictionnaire portatif de peinture, sculpture et gravure, avec un traité pratique des différentes manières de peindre, par D.-G. Pernety. *Paris, Onfroy,* 1781, 2 vol. in-8, v. m.

98. L'Artistaire. Livre des principales initiations aux beaux-arts. par Paillot de Montabert. *Paris, Johanneau,* 1855, in-8, portr. br.

99. Sacræ Historiæ Acta a Raphaele Urbin, in Vaticanis xystis ad picturæ miraculum expressa, Nicolaus Chapron Gallus a se delineata et incisa. *Romæ,* 1649, in-4 oblong, fig., br.

100. Tableaux de la sainte Bible, ou Loges de Raphaël, collection des 52 fresques du Vatican, peintes par Raphaël. *Paris, Prodhomme,* 1825, album in-4 oblong, d.-rel.

101. Les Peintures sacrées sur la Bible, par le P. Antoine Girard. *Paris, veuve A. de Sommaville,* 1665, in-folio, v. br.

102. The celebrated Hans Holbein's Alphabet of death, by Anatole de Montaiglon. *Paris, Tross,* 1856, in-8, br.

103. Stalles de la cathédrale de Rouen, avec 13 planches gravées par E.-H. Langlois. *Rouen, N. Périaux,* 1838, in-8, fig. br.

104. Temple des Muses, ou collection des sujets les plus intéressans de la mythologie, gravés d'après les dessins de Diepenbeck, élève de Rubens. *Paris, Gail,* 1795, gr. in-4, d.-rel. bas.

105. Catalogue historique et descriptif des tableaux appartenant à S. A. S. Mgr le duc d'Orléans, par Vatout. *Paris*, 1823, 4 vol. in-8, d.-rel. chagr.

106. Manuel de l'histoire générale de l'architecture, par Daniel Ramée. *Paris, Paulin*, 1843, 2 vol. in-12, d.-rel.

107. Dictionnaire d'architecture civile, militaire et navale, ancienne et moderne, par M. C.-F.-Roland le Virloys. *Paris*, 1770, 3 vol. in-4, fig. v. br.

108. Les Dix Livres d'architecture de Vitruve, corrigez et traduits nouvellement en françois, avec des notes et des figures, par Cl. Perrault. *Paris, J.-B. Coignard*, 1673, in-fol. v. br.

109. Cours d'architecture enseigné dans l'Académie royale d'architecture, par M. François Blondel. *Paris, Lambert Roulland*, 1675, in-folio, v. br.

110. Traité des arts céramiques ou des poteries, par A. Brongniart. *Paris, Béchet jeune*, 1844, 2 vol. in-8, br. et 1 atlas in-4, br.

BELLES-LETTRES.

111. Remarques de M. de Vaugelas sur la langue françoise, avec des notes de MM. Patru et T. Corneille. *Paris, Didot*, 1738, 3 vol. in-12, v. m.

112. Les Excentricités du langage, par Lorédan Larchey. *Paris, Dentu*, 1865, in-12, br.

113. Dictionnaire comique, satirique, critique, burlesque, libre et proverbial, par P.-J. Leroux. *Pampelune*, 1786, 2 vol. in-8, d.-rel. ch. noir.

114. Dictionnaire encyclopédique, présentant l'explication des mots techniques. *Paris, Chamerot*, 1834, n-8, d.-rel.

115. Dictionnaire rouchi-français, par J. Hécart. *Valenciennes, Lemaître*, 1833, in-8, br.

116. Dictionnaire des proverbes françois et des façons de parler comiques, burlesques et familières, avec l'explication et les étymologies les plus avérées, par J. Panckoucke. *Francfort*, 1750, in-8, br.

117, Rapports de Henri Grégoire, ancien évêque de Blois, sur la bibliographie, la destruction des patois ; réédités sous les auspices de M. E. Egger. *Caen, Massif,* 1867, in-8, br.

118. M. Tullii Ciceronis Orationes. *Lugduni, apud Joannem Frellonium,* 1560, 3 vol. in-16, v. riches compart. dorés, (*Rel. anc.*)

Cette reliure curieuse, mais mal conservée, porte les armes de J. Malinfantius.

119. Godofredi Hermanni Elementa doctrinæ metricæ. *Lipsiæ,* 1816, in-8. d.-rel. v. f.

120. Les Œuvres d'Hésiode, trad. nouv. par M. Gin. *Paris, Gueffier,* 1785, in-12, v. éc. fil. tr. dor.

121. Homeri Opera, græce et latine, curante Berglero. *Amstelædami, ex off. Wetsteniana,* 1707, 2 vol. p. in-12, front. gr. bas.

122. Odes d'Anacréon traduites en vers sur le texte de Brunck par J.-B. de Saint-Victor. *Paris, Nicolle,* 1818, in-8, d.-rel. bas.

123. P. Virgilii Maronis Opera, edidit Ruæus. *Parisiis, apud Simonem Benard,* 1675, in-4. v. br.

124. Contes et fables indiennes de Bidpaï et de Lokman, traduites d'Ali-Tchelebiben-Saleh, auteur turc, par MM. Galland et Cardonne. *Paris, Simon,* 1778, 3 vol. in-12, v. gr. fil.

125. Études sur Virgile, par Tissot. *Paris, Méquignon,* 1825, 4 vol. in-8, d.-rel. v. f.

126. Essai de traduction de quelques épîtres et autres poésies latines de Michel de l'Hôpital, chancelier de France, avec des éclaircissemens sur sa vie et son caractère. *Paris, Moutard,* 1778, 2 vol. in-8, portr. grav. par Billiard, v. f. fil.

127. L'Improvisateur français, par Sallentin. *Paris, Goujon,* 1804-1806, 21 vol. in-12 br.

128. Les Poëtes français. Recueil des chefs-d'œuvre de la poésie française depuis les origines jusqu'à nos jours, avec une notice littéraire sur chaque poëte par Théophile Gautier, Jules Janin, etc..., précédé d'une introduction par M. Sainte-Beuve. *Paris, Hachette,* 1863, 4 vol. in-8, br.

129. De l'État de la poésie française dans les XIIᵉ et XIIIᵉ siècles, par B. de Roquefort-Flaméricourt. *Paris, Fournier,* 1815, in-8, d.-rel. bas.

130. Jongleurs et trouvères, ou choix de saluts, épîtres et rêveries des XIIIᵉ et XIVᵉ siècles par Achille Jubinal d'après les manuscrits de la Bibliothèque du roi. *Paris, Merklein,* 1835, in-8, br.

131. Les Trouvères brabançons, hainuyers, liégeois et namurois, par M. Arthur Dinaux. *Paris, Techener*, 1863, in-8, br.

132. Le Roman de Rou et des ducs de Normandie, par Robert Wace, publié par F. Pluquet. *Rouen, E. Frère*, 1827, 2 vol. in-8, br.

133. La Riote du monde. Le roi d'Angleterre et le jongleur d'Ely (xiiie siècle). *Paris, Silvestre*, 1834, in-8, cart.

134. Le Bel Inconnu, par Renaud de Beaujeu, poëte du xiiie siècle, publié par C. Hippeau. *Paris, A. Aubry*, 1860, in-8, br.

135. La Conquête de Jérusalem, faisant suite à la chanson d'Antioche, composée par le pèlerin Richard au xiiie siècle et publiée par C. Hippeau. *Paris, A. Aubry*, 1868, in-8, br.

136. La Complainte d'Outre-mer et celle de Constantinople, par Rutebeuf, publiées par A. Jubinal. *Paris, Techener*, 1834, in-8, d.-rel. v. br.

137. Le Roman de la Charrette, d'après Gauthier Map et Chrestien de Troyes. *La Haye*, 1850, gr. in-4, cart.

138. L'Advocacie Notre-Dame, ou la Vierge Marie plaidant contre le diable, poëme du xive siècle en langue franco-normande, publié par Alph. Chassant. *Paris, A. Aubry*, 1855, in-12, ch. n.

139. Amis et Amiles und Jourdains de Blaivies, von Dr. Conrad Hofmann. *Paris, Klincksieck*, 1852, in-8, br.

140. Servantois et sottes chansons, couronnées à Valenciennes. 1827, pet. in-4, pap. de Holl, d.-rel. c. de R.

Publié par Hécart et tiré à 40 exempl.

141. Poésies de Marie de France, ou recueil de lais, fables et autres productions de cette femme célèbre, publiées d'après les manuscrits de France et d'Angleterre par B. de Roquefort. *Paris*, 1819, 2 vol. in-8, d.-rel. v. gris.

142. L'Établissement de la fête de la conception Notre-Dame dite la fête aux Normands, par Wace, publié par MM. G. Mancel et Trébutien. *Caen, B. Mancel*, 1842, in-8, d.-rel. ch. r.

143. Les Œuvres de Blondel de Néele. *Reims*, 1862, in-8, br.

144. Amadas et Ydoine, poëme d'aventures, publ. par C. Hippeau. *Paris, Aubry*, 1863, in-8, br.

145. Poésies de Clotilde de Surville, poëte français du xve siècle; nouv. éd., publ. par Ch. Vanderbourg. *Paris, Nepveu*, 1824, in-8, fig. de Colin, noires et col. br.

146. Les Vers de maître Henri Baude, poëte du XVe siècle, recueillis et publiés par J. Quicherat. *Paris, Aubry*, 1856, in-18, br.

147. Jean Joret, poëte normand du XVe siècle, publié par A. Luthereau. *Paris, Derache*, 1841, in-8, br.

148. La Vie de l'homme, poëme de 1509, et la Destruction de Jérusalem, légende de la même époque, avec des remarques par Mermet. *Vienne*, 1838, in-8, cart.

149. Antoine de Montchrétien, poëte et économiste normand, par M. A. Joly. *Caen, Legost-Clerisse*, 1865, in-8, br.

150. Les Œuvres de Philippe de Vitry. *Reims*, 1850, in-8, d.-rel. m. r.

151. Les Œuvres de François Villon. *Paris, Coustelier*, 1723, in-12, v. m.

152. Les Œuvres de G. Coquillart. *Reims et Paris, Techener*, 1847, 2 vol. in-8, d.-rel. ch. br.

153. Les Œuvres de Clément Marot, de Cahors. *La Haye, A. Moetjens*, 1700, 2 vol. in-12, v. br.

154. Œuvres poétiques de Melin de Saint-Gelais. *Paris*, 1719, in-12, v. br.

155. Œuvres de Phil. Desportes, avec une introduction et des notes, par A. Michiels. *Paris, A. Delahays*, 1858, gros in-12, front. grav. br.

156. Euvres de Louïze Labé, Lionnoize. *Lion, Durand et Perrin*, 1824, in-8, d.-rel.

157. Œuvres poétiques de Jacques de Champ-Repus. *Paris, Bachelin-Deflorenne*, 1864, in-8, br.

158. Les Œuvres poétiques d'André de Rivaudeau, gentilhomme du Bas-Poitou, nouv. éd., par C. Mourain de Sourdeval. *Paris, A. Aubry*, 1859, in-8, br.

159. Les Poésies de Saint-Pavin, publiées par Paulin Paris. *Paris, Techener*, 1861, in-8, br.

160. Les Œuvres de Théophile. *Paris, N. Pépingué*, 1662, in-12, v. br.

161. Poésies de Malherbe, suivies d'un choix de ses lettres. *Paris, Janet et Cotelle*, 1824, in-8, portr. de Malherbe, br.

162. Les Œuvres de Maynard. *Paris, A. Courbé*, 1646, pet. in-4, portr. v. br.

163. Les Chansons de Gaultier Garguille. *Paris, Claudin*, 1858, in-12, portr. br.

164. Scarron. La Relation véritable de tout ce qui s'est passé en l'autre monde au combat des Parques et des poëtes. *Pa-*

ris, *T. Quinet*, 1648. — Recueil des œuvres burlesques de M. Scarron, première et deuxième parties. *Paris, T. Quinet*, 1648, fr. grav. — Typhon, poëme burlesque. *Paris, T. Quinet*, 1648, fr. grav. — Jodelet, ou le Maître valet, comédie. *Paris, T. Quinet*, 1648... Le tout en 1 vol. in-4, parch.

165. La Fontaine et tous les fabulistes, ou la Fontaine comparé avec ses modèles et ses imitateurs, par M. N.-S. Guillon. *Paris, veuve Nyon*, 1803, 2 vol. in-8, v. gr.

166. Œuvres de Boileau-Despréaux, avec commentaires, revus, corrigés et augmentés, par M. Viollet-le-Duc. *Paris,* 1828, 4 vol. in-12, cart.

167. Recueil de pièces galantes en prose et en vers de Mme de la Suze et de Pélisson; plus le Voyage de Bachaumont et la Chapelle, etc... *Trévoux, par la Compagnie*, 1741, 5 vol. in-12, v. m.

168. Voyage de Chapelle et de Bachaumont, suivi de quelques autres voyages dans le même genre. *Genève*, 1782, in-8, br. n. rogn.

169. Les Noels bourguignons de Bernard de la Monnoye, par M. F. Fertiault. *Paris, Lavigne*, 1842, in-12, br.

170. Histoire des Amours et des infortunes d'Abélard et d'Eloïse, mise en vers satiri-comi-burlesques. *Cologne, P. Marteau*, 1724, in-12, br.

171. Le Vice puni, ou Cartouche, poëme. *Paris, P. Prault*, 1726, in-4, fig. v. br.

172. Narcisse dans l'île de Vénus, poëme en 4 chants, par Malfilâtre. *Paris, Maradan, s. d.*, in-8, front. et fig. d'Eisen, cart. n. rogn.

173. Œuvres de Chaulieu. *La Haye, Gosse*, 1777, 2 vol. in-16, br. n. rogn.

174. Œuvres de Bernard. *Paris, Janet et Cotelle*, 1823, in-8, fig. de Prudhon, br.

175. Poésies diverses, par M. Tanevot. *Paris, J. Collombat*, 1732, in-12, mar. r. doubl. de tabis bleu, fil. dos orné, tr. dor. (*Anc. rel.*)

176. Héroïdes, ou Lettres en vers, par M. Blin de Sainmore. *Paris, G. Jorry*, 1767, in-8, fig. d'Eisen, v. éc.

177. La Pucelle d'Orléans. *Londres (Cazin)*, 1773, in-12, mar. r. (*Anc. rel.*)

178. Opuscules poétiques, par M. le chevalier de Parny. *Amsterdam*, 1779, in-8, fig. br.

179. Fables par M. Boisard. *Paris, Lacombe*, 1777, 2 v. in-8, fig. de Monnet, v. f.

180. Œuvres de Colardeau. *Paris, Baillard*, 1779, 2 vol. in-8, portr. par Voiriot, fig. de Monnet, v. m. fil.

181. Richardet, poëme. *Londres*, 1781, 2 vol. in-18, front. grav. v. éc. fil. tr. dor.

182. Poésies satiriques du xviii* siècle. *Londres*, 1782, 2 vol. in-18, v. éc. front. grav. fil. tr. dor.

183. Les Petites-Maisons du Parnasse, poëme comique par le cousin Jacques, traduit de l'arabe, de l'anglais, etc... et donné au public par Beffroy de Reigny. *A Bouillon*, 1783, in-8, d.-rel. v. v.

184. Cantiques et pots-pourris. *Londres*, 1789, in-12, fig. mar. r. fil. tr. dor. (*Anc. rel.*)

185. Les Œuvres de Delille. *Paris, Levrault*, 1803, 17 vol. in-12, v. m. fil. fig.

186. L'Echo des Bardes, ou Chansonnier dédié aux demoiselles. *Paris*, 1817, in-18, fig. cart. col. tr. dor. — Le Troubadour français, almanach lyrique, dédié aux dames. *Paris, Janet*, 1820, in-18, cart. rose, tr. dor. Le tout dans un étui.

187. Poésies diverses de Ch. Nodier, recueillies et publiées par N. Delangle. *Paris, Delangle*, 1827, in-12, cart.'

188. Œuvres complètes de Béranger, contenant les dix chansons nouvelles, édition elzévirienne. *Paris, Perrotin*, 1856, in-13, d.-rel. ch. r.

189. Rome à Paris et autres poëmes, par Barthélemy et Méry. *Paris, A. Dupont*, 1827. — Sidiennes, épîtres-satires sur le xix* siècle, par Méry et Barthélemy. *Paris*, 1825. En tout 12 pièces en 2 vol. in-8, d.-rel. v. v.

190. Iambes et Poëmes, par Auguste Barbier. *Paris, E. Dentu*, 1862, in-12, d.-rel. mar.

191. Sonnets humouristiques, par J. Soulary. *Lyon, L. Perrin*, 1858, in-8, portr. d.-rel. dos et coins de mar. r. fil. n. rog. tête dor.

192. Les Sonneurs de sonnets, 1540-1866, par A. Delvau. *Paris, Bachelin-Deflorenne*, 1867, in-18, br.

193. Les Six Comédies de Térence, corrigées en presque infinis endroits, par M. Ant. de Muret. *Paris, J. de Bourdeaux*, 1583, 2 vol. in-12, v. m.

194. Etudes sur les mystères et sur divers manuscrits de Gerson, par Onésime Le Roy. *Paris, L. Hachette*, 1837, in-8, d.-rel. v. bl.

195. Mystères inédits du quinzième siècle, publiés pour la première fois par Achille Jubinal. *Paris, Techener*, 1837, 2 vol. in-8, br.

196. La Farce des Théologastres, à six personnages. *Lyon, impr. de Rossary*, 1830, gr. in-8, d.-rel. v. gris.

Publié par M. Duplessis et tiré à 64 exempl.

197. Théâtre de P. Corneille, avec des commentaires pa Voltaire et autres morceaux intéressants. *S. l.*, 1765, 12 vol. in-12, v. éc. fil. (*Figures de Gravelot.*)

198. OEuvres complètes de Regnard, avec des remarques par M. Garnier. *Paris, Lefèvre*, 1810, 4 vol. in-8, portr. de Regnard par Rigaud et fig. de Moreau le Jeune, v. m. fil.

199. Théâtre complet de M. de Voltaire, suivi de la Henriade. *Genève*, 1768, 6 vol. in-4, fig. de Gravelot, v. br.

200. OEuvres de Crébillon, édit. ornée de figures dessinées par Peyron et gravées sous sa direction. *Paris, Didot*, 1797, 2 vol. in-8, fig. d.-rel. m. v.

201. OEuvres de J.-F. Ducis. *Paris, Nepveu*, 1819, 3 vol. in-8, fig. d.-rel.

202. Les Amours pastorales de Daphnis et Chloé, trad. de Longus. *S. l. n. d.*, 1745, in-12, fig. v. m. fil. tr. dor.

203. Les Amours pastorales de Daphnis et Chloé, avec figures. *La Haye, J. Neaulme*, 1764, in-12, v. br.

204. Les Cent Nouvelles nouvelles, dites les Cent Nouvelles du roi Louis XI, nouvelle édit. revue par P. L. Jacob. *Paris, A. Delahays*, 1858, in-12, cart. toile.

205. Merlin l'Enchanteur, par Edgar Quinet. *Paris, M. Lévy*, 1860, 2 vol. in-8, d.-rel.

206. Aucassin et Nicolette, roman de chevalerie, publié par A. Delvau. — La Comtesse de Ponthieu, roman de chevalerie, publié par A. Delvau. *Paris, Bachelin*, 1865-66, 2 vol. in-8, br.

207. La Vraie Histoire comique de Francion, composée par Charles Sorel, sieur de Souvigny; nouvelle édition par E. Colombey. *Paris, A. Delahays*, 1858, in-12, fig. cart. en toile.

208. Les Aventures de Télémaque, fils d'Ulysse, par Fénelon. *Paris, Didot*, 1796, 4 vol. in-12, fig. de Quévédo, v. v.

209. Lettres sur les contes de fées attribués à Perrault et sur l'origine de la féerie (par M. Walckenaer). *Paris, Baudoin frères*, 1826, in-12, cart.

210. OEuvres badines complètes du comte de Caylus. *Amsterdam et Paris*, 1787, 12 vol. in-8, portr. de Cochin, fig. de Marillier, d.-rel.

211. Romans et Contes de M. de Voisenon. *Londres*, 1775, 2 tom. en 1 vol. in-12, bas.

M

212. Œuvres complètes de M. l'abbé de Voisenon. *Paris, Moutard*, 1781, 4 vol. in-8, portr. bas.

213. L'Innocence du premier âge en France, ou Histoire amoureuse de Pierre Lelong et de Blanche Bazu. *Paris, Ruault*, 1778, in-8, d.-rel. fig.

214. Le Prince des aigues marines et le Prince invisible, contes. *Paris, Couslelier*, 1744, in-12, v. m. fil. tr. dor.

215. Histoire des imaginations extravagantes de monsieur Oufle. *Paris, Duchesne*, 1754, 2 vol. in-12, v. m.

216. Les Amours de Mirlil. — Les Amours de Carite et Polydore, roman traduit du grec par Castanier d'Auriac. *Paris*, 1760, in-12, fig. de Gravelot, v. gr. fil.

217. Le Paysan perverti, par Rétif de la Bretonne. *La Haye et Paris*, 1776, 5 vol. in-12, fig. v. m. — La Paysanne pervertie, ou les Dangers de la ville, histoire d'Ursule R***, par Rétif de la Bretonne. *La Haye et Paris, veuve Duchesne*, 1784, 4 vol. in-12, fig. v. m. (*Reliure uniforme.*)

218. Rétif de la Bretonne. La Vie de mon père. 2 tomes en 1 vol. in-12, d.-rel.

Le titre manque, mais l'exemplaire a toutes les figures.

219. La Vie de Marianne, ou les Aventures de madame la comtesse de ***, par de Marivaux. *Londres*, 1742, 3 vol. in-12, v. br.

220. Le Sopha (par Crébillon). *A Gaznah*, 2 vol. in-12, v.

221. Felicia. *Amsterdam*, 1780, 2 tom. en 1 vol. pet. in-8, v. m.

222. Œuvres du comte de Tressan. *Paris*, 1822, 10 vol. in-8, broch. figures.

223. Choix d'anecdotes, de contes, d'historiettes, d'épigrammes, tant en prose qu'en vers. *Paris*, 1827, 2 vol. in-18, cart.

224. Tiamy, ou la Cachette de mon oncle. *Paris, an IX*, in-12, d.-rel.

225. Histoire du diable, traduite de l'anglois. *Amsterdam*, 1730, 2 vol. in-12, bas.

226. Servitude et grandeur militaires, par A. de Vigny. *Paris, Magen*, 1836, in-8, br.

227. Notre-Dame de Paris, par Victor Hugo. *Paris, Eug. Renduel*, 1836, 3 vol. in-8, d.-rel. ch. v.

228. Histoire du roi de Bohême et de ses sept châteaux, par Charles Nodier. *Paris, Delangle frères*, 1830, in-8, br.

229. Histoire de don Pablo de Ségovie, traduite de l'espagnol et annotée par A. Germond de Lavigne. *Paris, Ch. Warée*, 1843, in-8, fig. br.

230. Il Decameron di Messer Giovanni Boccacci, cittadino fiorentino. *In Fiorenza, J. Giunti*, 1623, in-4, v.

231. Mille et une Nuits, contes arabes, traduits en français par Galland, éd. publ. par L. Aimé-Martin. *Paris*, 1841, gr. in-8, d.-rel. ch. m.

232. Desiderii Erasmi Roterodami Lingua, sive de linguæ usu atque abusu liber utilissimus. *Lugd.-Bat., J. Maire*, 1641, pet. in-12, mar. r. fil. tr. dor.

233. L'Eloge de la Folie, traduit du latin d'Erasme, par M. Gueudeville, orné de fig. 1766, in-12, bas.

234. Eloge de la Folie, nouvellement traduit du latin d'Erasme, par M. de la Veaux, avec les fig. d'Holbein. *Basle, J.-J. Thurneysen*, 1781, in-8, v. f. fil. tr. dor.

235. Eloge de l'âne, trad. libre du latin de Daniel Heinsius, par M. L. Coupé. *Paris, Honnert*, 1796, in-12, v. m.

236. Les Entretiens du jardin des Thuileries de Paris, par M. Mercier. *Paris, Buisson*, 1788, in-8, bas.

237. Amusements philologiques, ou Variétés en tous genres, par G.-P. Philomneste (Gabr. Peignot). *Dijon, Lagier*, 1842, in-8, br.

238. L'An deux mille quatre cent quarante, suivi de l'Homme de fer, par L.-S. Mercier. *Paris, Lepetit, an X*, 3 vol. in-8, fig. br.

239. L'Hermite de Belleville, ou Choix d'Opuscules, par Charles Colnet. *Paris, Le Normant*, 1833, 2 vol. in-8, d.-rel. m. rouge.

240. Revue parisienne, dirigée par M. de Balzac. *Paris, Revue parisienne*, 1840, pet. in-12, br. (*Rare.*)
Trois numéros en 1 vol. — 306 pages.

241. Dictionnaire historique des anecdotes de l'Amour. *Paris, chez tous les libraires*, 1832, 5 vol. in-8, d.-rel. m. v.

242. Satires et Diatribes sur les femmes, l'amour et le mariage, avec une réfutation par L. Larchey. *Paris, A. Delahays*, 1860, in-12, br.

243. Le Bestiaire d'amour, par Richard de Fournival, suivi de la réponse de la dame, enrichi de 48 dessins gravés sur bois, publié par Ch. Hippeau. *Paris, A. Aubry*, 1860, in-8, br.

244. Les Arrêts d'amour, avec l'Amant rendu cordelier à l'observance d'amour, par Martial d'Auvergne. *A..sterdam, F. Changuion*, 1731, in-12, v. m.

245. Projet d'une loi portant défense d'apprendre à lire aux femmes, par S*** M*** (Sylvain Maréchal). *Paris, Massé,* 1801, in-8, br.

246. Encyclopediana, recueil d'anecdotes anciennes, modernes et contemporaines, édit. illustr. *Paris, J. Laisné, s. d.,* in-8, br.

247. Voltairiana, ou Eloges amphigouriques de Fr.-Marie Arouet, sieur de Voltaire. *Paris,* 1749, 2 vol. in-8, v. br.

248. Collection d'Anas : Voltairiana, Bievriana, etc... 10 vol. in-12 et in-8, br. et rel.

249. Cinq Dialogues faits à l'imitation des anciens par Oratius Tubero. *Francfort, J. Savius,* 1716, 2 vol. in-12, v. br.

250. Dialogo di M. Lodovico Dolce. *In Venetia,* 1612, in-12, fig. cart.

251. Une Lettre inédite de Montaigne, etc., par A. Jubinal. *Paris, Didron,* 1850, in-8, br.

252. Lettres de Ninon de Lenclos au marquis de Sévigné. *Paris, Jusserand,* 1805, 2 tomes en 1 vol. in-18, portr. v. m. tr. dor.

253. Correspondance inédite de madame du Deffand avec d'Alembert, Montesquieu, etc., suivie des lettres de Voltaire à madame du Deffand. *Paris, Léopold Colin,* 1809, 2 vol. in-8, d.-rel. — Lettres de la marquise du Deffand à Horace Walpole, depuis comte d'Oxford, et à Voltaire. *Paris, Treuttel et Würtz,* 1812, 4 vol. in-8, portr. de madame du Deffand par Carmontelle, d.-rel.

254. Les Epistres dorées et discours salutaires de don Antoine de Guevare. *Paris, l'Huillier,* 1570, in-8, v. br.
Avec la signature de Hordal.

255. Marci Tullii Ciceronis Opera, edente Gronovio. *Lugduni-Batavorum, apud Petrum Van der Aa,* 1692, 2 vol. in-4, fig. v. br.

256. Œuvres de Machiavel, traduction nouvelle par T. Guiraudet. *Paris, Potey, an VII,* 9 vol. in-8, portr. v. gr. fil.

257. Œuvres du seigneur de Brantome. *Londres,* 1779, 15 vol. in-12, portr. v. ec. fil.

258. Les Œuvres de M. de Balzac. *Paris, R. Estienne et Touss. de Bray,* 1628, in-8, d.-rel. v.

259. Œuvres de François de La Mothe Le Vayer, conseiller d'Estat ordinaire. *Paris, A. Courbé,* 1662, 2 vol. in-fol. portr. par Nanteuil, mar. r.

260. Œuvres complètes de Rivarol, précédées d'une notice sur sa vie, ornées du portrait de l'auteur. *Paris, L. Collin,* 1808, 5 vol. in-8, bas.

261. Œuvres morales et galantes de Duclos, suivies de son voyage en Italie. *Paris, Des Essarts*, 1797, 4 vol. in-8, portr. de Cochin, v. m. fil. tr. dor.

262. Œuvres de Moncrif. *Paris, Regnard*, 1768, 4 vol. in-12. portr. et fig., v. m. fil.

263. Œuvres de Dorat. *La Haye et Paris, Delalain*, 1776, 18 vol. in-8, fig. d'Eisen, v. m. all., fil. dos orné, tr. dor.

264. Les Œuvres d'Andrieux. *Paris, Nepveu*, 1818, 4 vol. in-8, d.-rel. figures.

HISTOIRE.

265. Abrégé de l'histoire grecque et romaine, traduit du latin de Velléius Paterculus, avec le texte corrigé, par l'abbé Paul. *Avignon, J. Niel*, 1768, in-8, front. grav. mar. r. fil. dos orné, tr. dor. (*Anc. rel.*)

266. Philostrati Heroica, græc. et lat., recensuit G. Fr. Bois-sonade. *Parisiis, Delance*, 1806, in-8, bas.

267. Dissertation sur les tremblements de terre qui firent échouer le projet de l'empereur Julien de rebâtir le temple de Jérusalem, par M. Warburton. *Paris, P.-G. Lemercier*, 1754, 2 vol. in-12, v. m.

268. Chaussard. Fêtes et courtisanes de la Grèce. *Paris, Barba*, 1803, 4 vol. in-12, fig. d.-rel. n. v.

269. Historia persecutionis Vandalicæ in duas partes distincta, opera et studio Th. Ruinart. *Parisiis, Th. Muguet*, 1694, in-8, v. br.

270. La Bibliothèque historiale de Nicolas Vignier. *Paris, Abel L'Angelier*, 1600, 3 vol. in-fol. v. br.

271. Œuvres complètes de W. Robertson, précédées d'une notice par J.-A.-C. Buchon. *Paris, Desrez*, 1836, 2 vol. gr. in-8, br.

272. Singularités historiques par J.-A. Dulaure. *Paris, Baudoin*, 1825, in-8, d.-rel. fig. v. br.

273. Les Juifs dans le moyen âge, essai historique sur leur état civil, commercial et littéraire, par G.-B. Depping. *Paris, Impr. royale*, 1845, in-8, br.

274. Histoire des Paysans depuis le moyen âge jusqu'à nos jours, par F. Bonnemère. *Paris, F. Chamerot*, 1856, 2 vol. in-8, br.

275. Histoire des classes privilégiées dans les temps anciens, par Léon de Givodan. *Paris*, 1861, 2 vol. in-12, br.

276. Histoire des classes ouvrières et des classes bourgeoises, par Granier de Cassagnac. *Paris, A. Desrez*, 1838, in-8, d.-rel. v.

277. Granier de Cassagnac. Histoire des classes ouvrières et des classes bourgeoises. *Paris*, 1838, in-8, br.

278. Histoire des classes nobles et des classes anoblies, par A. Granier de Cassagnac. *Paris, H. Delloye*, 1840, in-8, br.

279. Histoire politique de la monarchie pontificale au XIVe siècle, ou la papauté à Avignon, par l'abbé G.-T. André. *Paris, Vaton*, 1845, in-8, br.

280. Portraits politiques des Papes considérés comme princes temporels et comme chefs de l'Église, par Juan-Antonio Llorente. *Paris, Béchet*, 1822, 2 tomes en 1 vol. in-8, dem-rel. v. f.

281. Histoire de la Papesse Jeanne, par M. de Spanheim. *La Haye, J. Kieboom*, 1736, 2 vol. in-12, fig. v. m.

282. Histoire des ordres royaux hospitaliers-militaires de Notre-Dame du mont-Carmel et de Saint-Lazare de Jérusalem, par M. Gautier de Sibert. *Paris, Impr. royale*, 1772, 2 vol. in-12, d.-rel.

283. L'Alcoran des Cordeliers, tant en latin qu'en françois. *Amsterdam*, 1734, 2 vol. in-12, fig. de B. Picard, v. gr. fil. tr. dor.

284. La Guerre séraphique, ou l'histoire des périls qu'a courus la barbe des capucins par les violentes attaques des cordeliers. *La Haye, P. de Hondt*, 1740, in-12, d.-rel. chag. v.

285. Géographie des Gaules cisalpine et transalpine avec un atlas et 9 cartes, par M. Walckenaer. *Paris, Dufart*, 1839, 3 vol. in-8, br.

286. Histoire de la milice françoise par le R. P. G. Daniel. *Paris, D. Mariette*, 1721, 2 vol. in-4, v. br.

287. Histoire de la Gaule méridionale sous la domination des conquérants germains, par M. Fauriel. *Paris, Paulin*, 1836, 4 vol. in-8, br.

288. Les Antiquitez et recherches de la grandeur et majesté des roys de France (par André Duchesne). *Paris*, 1609, in-8, parch.

289. Alliances généalogiques des rois et princes de Gaule, par Claude Paradin. *Lion, J. de Tournes*, 1561, p. in-folio. d.-rel. v. (*Nombreux blasons.*)

290. Les Grandes Chroniques de France, publiées par Paulin Paris. *Paris, Techener*, 1836, 6 vol. in-8, cart.

291. Branche des royaux lignages, Chronique métrique de Guillaume Guiart, publiée d'après les man. du Roi, par J.-A. Buchon. *Paris, Verdière*, 1828, 2 vol. in-8, d.-rel. v. violet.

292. Dictionnaire de l'ancien régime et des abus féodaux. *Paris*, 1830, in-8, br.

293. Histoire de Charles VI, roy de France, par Juvénal des Ursins, mise en lumière par Théodore Godefroy. *Paris, A. Pacard*, 1614, in-8, v. br.

294. Mémoires authentiques de Jacques Nompar de Caumont, duc de la Force, et de ses deux fils, les marquis de Montpouillan et de Castelnau, recueillis par le marquis de La Grange. *Paris, Charpentier*, 1843, 4 vol. in-8. br.

295. Question royalle et sa décision. *Paris, du Bray*, 1609, in-12, v. br.

296. De l'Amour de Henri IV pour les lettres, par l'abbé Brizard. *Paris, Cazin*, 1786, p. in-8, v. br.

297. Mémoires pour servir à l'histoire d'Anne d'Autriche, épouse de Louis XIII, par madame de Motteville. *Amsterdam, F. Changuion*, 1783, 6 vol. in-12, d.-rel. v. f.

298. Mémoires inédits de Dumont de Bostaquet, gentilhomme normand, publiés par Ch. Read et Fr. Waddington. *Paris, Mich. Lévy*, 1864, in-8, d.-rel.

299. Mémoires du comte de Maurepas. *Paris, Buisson*, 1792, 4 vol. in-8, fig. d.-rel.

300. Calendrier des princes et de la noblesse de France pour l'année 1766. *Paris, veuve Duchesne*, 1766, in-12, v. m.

301. Étrennes de la Noblesse pour l'année 1771. *Paris, Desventes de la Doué*, 1771, in-12, v. m.

302. État militaire de France, par MM. de Roussel et de Montandre. *Paris, Guillyn*, 1758 à 1792, 34 vol. in-12, rel. v. br. et basane.

L'année 1790 manque.

303. Histoire de l'esprit révolutionnaire des nobles en France. *Paris, Baudoin*, 1818, 2 vol. in-8, br.

304. Louis XVI et sa cour, par Amédée Renée. *Paris, F. Didot*, 1858, in-8, d.-rel. ch. v.

305. Étude sur Madame Élisabeth, par G. Du Fresne de Beau-
court. *Paris, Aubry,* 1864, in-8, br.

306. Mémoires du maréchal Marmont, duc de Raguse, de
1792 à 1841, imprimés sur le manuscrit original de l'auteur, avec le portrait du duc de Reischstadt, celui du duc
de Raguse, etc.... *Paris, Perrotin,* 1857, 9 vol. in-8, fig.
d.-rel, m. r.

307. La Défection de Marmont en 1814, par Rapetti. *Paris,*
1858, in-8, br.

308. Mémoires de Vidocq, chef de la police de sûreté jusqu'en 1827. *Paris, Tenon,* 1828, 4 vol. in-8, d.-rel. ch. n.

309. Supplément aux Mémoires de Vidocq, ou dernières
révélations sans réticence, par le rédacteur des 2e, 3e et
4e volumes des mémoires. *Paris, Boulland,* 1830, 2 vol.
in-8, br.

310. Histoire des ducs d'Orléans, par M. Laurentie. *Paris,*
Béthune, 1832, 4 vol. in-8, d.-rel.

311. Histoire des ducs de Bourgogne de la maison de Valois,
par M. de Barante. *Paris, Ladvocat,* 1826, 14 vol. in-8,
fig. à part, br.

312. La Corse et son avenir, par Jean de la Rocca. *Paris,*
H. Plon, 1857, in-8, br.

313. Mémoires historiques, militaires et politiques sur les
principaux événements arrivés dans l'île et royaume de
Corse, par M. Jaussin. *Lausanne, M.-M. Bousquet,* 1758,
2 vol. in-12, v. br. — Histoire des révolutions de Corse,
par l'abbé de Germanes. *Paris, Hérissant,* 1771, 2 vol.
in-12, v. m.

314. Histoire de Paris depuis les premiers temps historiques
jusqu'à nos jours, par J.-A. Dulaure. *Paris, Guillaume,*
1829, 10 vol. in-8, fig. br.

315. Plans de Paris, depuis le temps de César jusqu'à la divi-
sion en municipalités, en 1808. 10 plans, sur toile, dans un
étui.

316. Les Rues et les environs de Paris. *Paris, Valleyre,* 1757,
in-12, v. m.

317. Essais historiques sur Paris, par de Saint-Foix. *Paris,*
v^e Duchesne, 1776, 5 vol. in-12, v. m.

318. Almanach de Paris contenant la demeure, les noms et
qualités des personnes de condition. *Paris, Lesclapart,*
1782, in-18, bas. fil. tr. dor.

319. **Mercier.** Tableau de Paris. *Amsterdam,* 1782, 4 vol.
in-8, v. m.

320. Peltier. Dernier Tableau de Paris, ou récit historique de la révolution du 10 août 1792. *Londres*, 1794, 2 vol. in-8, br.

321. Description des Catacombes de Paris, par L. Héricart de Thury. *Paris, Bossange*, 1815, in-8, br.

322. Le Champ du repos, ou le cimetière Mont-Louis, dit du père de La Chaise, ouvrage orné de planches, par MM. Roger père et fils. *Paris, Roger*, 1816, 2 vol. in-8, d.-rel. chag. n.

323. Description de Paris et de ses édifices, par J.-G. Legrand. *Paris, Treuttel et Würtz*, 1818, 2 vol. in-8, fig. et cart., d.-rel.

324. La Seine et ses bords, par Ch. Nodier, vignettes par Marville et Foussereau, publié par M. A. Mure de Pelanne. *Paris*, 1836, in-8, br.

325. Histoire des environs de Paris, par Dulaure. *Paris, Philippe*, 1837, 4 vol. in-8, fig., br.

326. Histoire de l'administration de la police de Paris, depuis Philippe-Auguste jusqu'aux états généraux de 1789, par Frégier. *Paris, Guillaumin*, 1850, in-8, br.

327. Les Odeurs de Paris, par L. Veuillot. *Paris, Palmé*, 1867, in-12, br. — Dictionnaire de l'ancien Paris, par Frédéric Lock. *Paris, Hachette*, 1868, in-12, br. — Notice sur Saint-Eustache de Paris. *Paris, Dentu*, 1855, in-12, br.

328. Paris à table, par E. Briffault, illustré par Bertall. *Paris, Hetzel*, 1846, in-8, br.

329. Le Nouveau Paris, histoire de ses 20 arrondissements, par E. de La Bédollière; illustrations de Gustave Doré, cartes topographiques de Desbuissons. Gr. in-8, d.-rel.

330. Les Anciennes Maisons de Paris : de la rue des Postes à l'impasse des Peintres, par M. Lefeuve. *Paris*, 1865, in-16, br.

331. Les Divertissements de Sceaux. *Trévoux, E. Ganeau*, 1712, in-12, v. br. — Suite des Divertissements de Sceaux. *Paris, E. Ganeau*, 1725, in-12, v. br.

332. Compiègne et ses environs, par Léon Esvig, illustré de douze vues d'après nature. *Paris, E. Renduel*, 1836, gr. in-8, br.

333. Itinéraire de la vallée d'Enghien-Montmorency, précédé des mémoires de l'auteur, par L.-V. Flamand-Grétry. *Paris, A. Bertrand*, 1826. — Biographie des rois, reines et princes de France, par L.-V. Flamand-Grétry. *Paris, A. Bertrand*, 1840. Le tout en 2 vol. in-8, fig. et portr. br.

334. Anet, son passé, son état actuel, par Riquet, comte A. de Caraman. *Paris, Benjamin Duprat,* 1860, in-8 carré, br.

335. Histoire architecturale de la ville d'Orléans, par de Buzonnière. *Paris, Didron,* 1849, 2 vol. in-8, br.

336. Histoire de la ville de Chartres. *Paris et Chartres,* 1786, 2 vol. in-8, br.

337. Histoire de l'auguste et vénérable Eglise de Chartres. *Chartres, F. Le Tellier,* 1774, p. in-12, portr. et fig., d.-rel. v. br.

338. Histoire du Bourbonnais et des Bourbons qui l'ont possédé, par Coiffier-Demoret. *Paris, Michaud,* 1816, 2 vol. in-8, br.

339. Recherches des antiquités et curiosités de la ville de Lyon, par Spon. *Lyon, A. Cellier,* 1673, in-8, fig. v. br.

340. Histoire politique et militaire du peuple de Lyon pendant la Révolution française (1789-95), par M. Alphonse Balleydier, de Lyon. *Paris, Lecoffre,* 1845, 3 vol. in-8, br.

341. Histoire du duché de Normandie, par J.-J.-C. Goube, avec cartes et gravures. *Rouen, Mégard,* 3 vol. in-8, br.

342. Annuaire des 5 départements de l'ancienne Normandie, publié par l'Association normande, 1835 à 1848 (les années 1838 et 1841 manquent). *Caen et Paris, Dumoulin,* 1834-1848, 12 vol. in-8, br.

343. Abrégé de l'histoire de la ville de Rouen, par Lecoq de Villerai. *Rouen, F. Oursel,* 1759, in-12, d.-rel.

344. Esquisses sur la Navarre, par M. d'Avannes. *Paris, Dumoulin,* 1839, gr. in-8, lith. et vig. de E. de Lonlay, d.-rel. m. m.

345. Essais historiques et anecdotiques sur l'ancien comté, les comtes et la ville d'Evreux, par Masson de Saint-Amand. *Evreux, Ancelle,* 1813-15, 2 vol. in-8, br.

346. Études historiques sur l'arrondissement d'Yvetot, par A. Labutte. *Rouen, Le Brument,* 1851, in-8, fig. br.

347. Études héraldiques sur les anciens monuments religieux et civils de Caen, par MM. Raymond Bordeaux et Georges Bouet. *Caen, Hardel,* 1847, in-8, br.

348. Histoire sommaire de la ville de Bayeux, par M. Béziers. *Caen, Manoury,* 1773, in-12, br.

349. Les Cloches du pays de Bray, par M. Dieudonné Dergny. *Paris, Derache,* 1863, in-8, br.

350. Histoire pittoresque du mont Saint-Michel et de Tombelène, par Maximilien Raoul, ornée de 14 grav. à l'eau-forte

par Boisselat. *Paris, A. Ledoux,* 1833, in-8, fig. br. —
Histoire et description de Falaise, par M. Fréd. Galeron.
Falaise, Brée, 1830, in-8, fig. br.

351. Les Chevaliers normands en Italie et en Sicile. *Paris,
Maradan,* 1816, in-8, br.

352. Guionvac'h. Etudes sur la Bretagne, par L. Kérardven.
Paris, Ebrard, 1835, in-8, d.-rel. v. v.

353. Recherches sur la Bretagne, par M. Delaporte. *Rennes,
Vatar,* 1819, 2 vol. in-8, br.

354. Brocéliande, ses chevaliers et quelques Légendes, recherches publiées par l'éditeur de plusieurs opuscules bre-
tons. *Rennes,* 1839, gr. in-8, br.

355. Fêtes des Bonnes-Gens de Canon et des rosières de Ri-
quebec et de Saint-Sauveur-le-Vicomte, par l'abbé Lemon-
nier. *Paris, Prault,* 1778, in-8, front. v. m.

356. Histoire de la ville de Laon, par Devisme. *Laon,* 1822,
2 vol. in-8, br.

357. Antiquités de Noyon, par C.-A. Moët de la Forte-Mai-
son. *Paris, Aubry,* in-8, cartes et pl., br.

358. Le Château de Maisons, son histoire et celle des principaux personnages qui l'ont possédé, par H. Nicolle. *Paris,
Ledoyen,* 1858, in-8, br.

359. Histoire de Touraine, par J.-L. Chalmel. *Tours,* 1841,
4 vol. in-8, d.-rel. bas.

360. Les Comtes et les ducs de Nevers, par E. Gillois. *Paris,*
1867, in-8, br.

361. Description historique et statistique de la ville de
Reims, par J.-B.-T. Géruzez. *Reims,* 1817, 2 vol. in-8,
br.

362. Remensiana, historiettes, légendes et traditions du pays
de Reims. *Reims,* 1845, in-32, br.

363. Variétés rémoises. *Reims,* 1855. — Histoire de Nancy,
par H. Lepage. *Nancy,* 1838. — Monuments de Nancy, par
Jean Cayon. *Nancy,* 1847. — Recueil faict au vray de la
Chevauchée de France, faicte en la ville de Lyon. *Lyon,
G. Testefort,* 1829, 4 vol. in-8, br. et rel.

364. Histoire de Châlons-sur-Marne, par E. de Barthélemy.
Châlons, E. Laurent, 1854, in-8, br.

365. Les Mémoires historiques de la république séquanoise
et des princes de la Franche-Comté et de Bourgogne, par
Louis Gollut. *Dole,* 1592, in-fol. v. br.

366. Origines dijonnaises, par Roger de Belloguet. *Dijon,
Lamarche,* 1851, in-8, br.

367. Histoire de la ville de Beaune et de ses antiquités, par M. l'abbé Gaudelot. *Dijon, Frantin*, 1772, in-4, v. br.

368. Histoire de la ville d'Autun, connue autrefois sous le nom de Bibracte, par Joseph Rosny. *Autun, De Jussieu*, 1802, in-4, br.

369. Histoire de Bar-sur-Aube, par L. Chevalier. *Bar-sur-Aube*, 1851, in-8, br.

370. Histoire de Chalon-sur-Saône, par V. Fouque. *Chalon-sur-Saône*, 1844, in-8, br.

371. Dictionnaire du département de la Moselle, par Viville. *Metz*, 1817, 2 vol. in-8, br.

372. Histoire et description de la cathédrale de Metz, par Bégin. *Metz*, 1840, in-8, fig. cart.

373. Histoire de la ville de Bordeaux, par Dom Devienne. *Bordeaux, Simon de la Court*, 1771, in-4, fig. cart.
Tome I, le seul publié.

374. Recherches historiques sur Aubigné et Verneil (Maine), par Fortuné Legeay. *Paris, Julien*, 1857, in-12, br.

375. Histoire de l'Angoumois, par F. Vigier de la Pile, publiée avec des documents inédits sur l'histoire de l'Angoumois, par J.-H. Michon. *Paris, Ch. Borrani*, 1846, in-4, cart.

376. Abrégé de l'histoire de Nismes, de Ménard, continué jusqu'à nos jours par P.-L. Baragnon. *Nismes, veuve Gaude*, 1835, 4 vol. in-8, br.

377. Notice des principaux événements qui se sont passés à Beaucaire depuis l'Assemblée des notables en 1788. — Nouvelles Recherches pour servir à l'histoire de la ville de Beaucaire. *Avignon, Séguin aîné*, 1836, 2 vol. in-8, br.

378. Histoire de la conquête de l'Angleterre par les Normands, par Augustin Thierry. *Paris*, 1838, 4 vol. in-8, d.-rel. mar. *figures*.

379. De Rebus auspiciis Jacobi Montisrosarum gestis, commentarius. *Parisiis*, 1648, in-8, mar. r. fil. tr. dor, *anc. rel*.

380. Portrait royal de Sa Majesté de la Grande-Bretagne dans ses souffrances et solitudes. *La Haye*, 1649, in-12, v. f. fil.

381. Collection des mémoires relatifs à la Révolution d'Angleterre, accompagnée de notices et d'éclaircissements historiques, par M. Guizot. *Paris, Guillaumin*, 1830, 25 vol. in-8, br.

382. Histoire des pirates anglois, par le capitaine Ch. Johnson. *Utrecht*, 1725, in-12, v. br.

383. Atlas du Pays-Bas. Cartes, figures et plans, in-fol. d.-rel.
Vues et autres planches collées sur papier in-folio.

384. Amusements des eaux d'Aix-la-Chapelle, ouvrage utile à ceux qui vont y prendre les bains, enrichi de figures en taille-douce, par P. Mortier. *Rotterdam*, 1736, 3 vol. in-12, v. m.

385. La Pologne historique, littéraire, monumentale et illustrée, rédigée par une société de littérateurs sous la direction de Léonard Chodzko. *Paris*, 1846-47, gr. in-8, d.-rel. m. v.

386. Histoire générale de l'Italie de 1815 à 1850, avec des notes sur les événements de 1859 et 1860, par M. Diégo Soria. *Nîmes*, 1861, 3 vol. in-8, br.

387. La Toscane et le Midi de l'Italie, par B. de Mercey. *Paris, Arthus-Bertrand*, 2 vol. in-8, br.

388. Historia de Gibraltar, por don Ignacio Lopez de Ayala. *Madrid, Antonio de Sancha*, 1782, in-4, bas.

389. Les États-Unis d'Amérique en 1863, par John Bigelow. *Paris, Hachette*, 1863, in-8, br.

390. Mémoires sur l'ancienne Chevalerie, par M. de La Curne de Sainte-Palaye. *Paris, veuve Duchesne*, 1781, 3 vol. in-12, v. br.

391. Le Théâtre d'honneur et de chevalerie, ou l'histoire des ordres militaires, par André Favyn. *Paris, Robert Touët*, 1620, 2 vol. in-4, fig. v. br.

392. Dissertations historiques et critiques sur la Chevalerie ancienne et moderne, séculière et régulière, par le P. Honoré de Sainte-Marie. *Paris, P.-F. Giffart*, 1718, in-4, v. br.

393. Curiosités nobiliaires et héraldiques, par A. Chassant. *Paris, Aubry*, 1858, in-12, br.

394. Nouvelle Méthode raisonnée du blason pour l'apprendre d'une manière aisée, par le P. Menestrier. *Lyon, Bruyset*, 1728, in-12, v. br. *blasons*.

395. Nobiliaire du département des Bouches-du-Rhône. *Paris*, 1863, in-8, br.

396. Recherches historiques sur les enseignes des maisons particulières. *Paris, Didron*, 1852, in-8, br.

397. Les Sociétés badines, bachiques et littéraires, leur histoire et leurs travaux, par Arthur Dinaux, revu et classé par M. Gustave Brunet. *Paris, Bachelin-Deflorenne*, 1867, 2 vol. in-8, br.

398. Nouveaux Mémoires d'histoire, de critique et de littérature, par M. l'abbé d'Artigny. *Paris, Debure l'aîné,* 1749-56, 7 vol. in-12, bas.

399. Histoire de l'Académie françoise, par M. Pelisson. *Paris, J.-B. Coignard,* 1700, p. in-12, v. br.

400. Biographie des Femmes célèbres, par une société de gens de lettres, publiée par L. Prudhomme. *Paris, Lebigre,* 1830, 4 vol. in-8, d.-rel. ch. violet.

401. Gabr. Peignot. Histoire d'Hélène Gillet, ou Relation d'un événement tragique survenu à Dijon dans le XVIᵉ siècle. *Dijon, V. Lagier,* 1829, in-8, br.

402. Notice sur la vie et les travaux de Bigot de Préameneu, par Nougarède de Fayet. *Paris, Crapelet,* 1843. — Notice sur E. Adam, par J. Girardin. *Rouen, Péron,* 1856, 2 vol. in-8, br.

403. Geofroy Tory, par Aug. Bernard. *Paris, Aubry,* 1857, in-8, br.

404. Vies des peintres, sculpteurs et architectes, par Giorgio Vasari, traduites, annotées et commentées par Léopold Leclanché et Jeanron. *Paris, J. Tessier,* 1841-42, 10 vol. in-8, 121 fig. grav. br.

405. Dictionnaire raisonné de Bibliologie, par G. Peignot. *Paris, Renouard,* 1802, 3 vol. in-8, d.-rel.

406. Dictionnaire historique et bibliographique, par L.-G. Peignot. *Paris, Haut-Cœur et Gayet,* 1822, 4 vol. in-8, d.-rel.

407. Bibliothèque curieuse et instructive de divers ouvrages anciens et modernes, par le P. Menestrier. *Trévoux, E. Ganeau,* 1704, in-12, bas.

408. Auteurs déguisez sous des noms étrangers, empruntez, supposez, etc..., par A. Baillet. *Paris, A. Dezallier,* 1690, in-12, v. br.

409. Nouvelle Bibliothèque d'un homme de goût, entièrement refondue, corrigée et augmentée, par A.-A. Barbier et N.-L.-M. Desessarts. *Paris, Duménil-Lesueur,* 1808, 5 vol. in-8, cart.

410. Bibliographie italico-normande, par Jules Thieury. *Paris, Aubry,* 1864, in-8, br.

411. Bibliographie des chansons, fabliaux, contes en vers et en prose, ayant fait partie de la collection de M. Viollet-le-Duc. *Paris, Claudin,* 1859, in-8, br.

412. Catalogue de feu M. J.-Ch. Brunet, avec les prix, première et deuxième parties. *Paris, L. Potier et A. Labitte,* 1868, 2 vol. in-8, br.

413. Catalogue des ouvrages mis à l'index. *Paris, Beaucé-Rusand,* 1825, in-8, br.

414. Autographes de savants et d'artistes, par T. Grille. *Paris, Ledoyen,* 1853, 2 vol. in-12, br.

SUPPLÉMENT.

LIVRES ORIENTAUX.

415. Abbas Kouli. Règles de la langue persane. *Tiflis* (1247, Hég.), in-8, br.

416. Abd'ul Fattah Fumeny's. Geschichte von Gilân, persischer Text. *Saint-Pétersbourg,* 1858, gr. in-8, br.

417. Abu Nasri, purioris sermonis arabici Thesaurus. *Traj. ad Rh.,* s. d., in-4, br.

418. Abulfedæ Descriptio Ægypti, arabice et latine, ed. Michaelis. *Gottingæ,* 1776, in-4, d.-rel.

419. Abulghasi Bahadur Chani, historia Mongolorum et Tartarorum, tartarice, ed. de Romanzoff. *Casani,* 1825, in-fol. br.

420. Adelung. Versuch einer Literatur der Sanskrit-Sprache. *Saint-Pétersbourg,* 1830, in-8, br.

421. Ahmedis Vita Timuri, arabice. *Lugd.-Bat., Elzevir,* 1636, in-4, d.-rel.

422. Ahmedis Vita Timuri, arab. et lat. *Leovardiæ,* 1767, 3 vol. in-4, d.-rel.

423. Alcoran of Mohammed, translated by Georges Sale. *London,* 1821, 2 vol. in-8, cartonnés.

424. Aldorer Almountakhabat (1221, H.), pet. in-4, rel. orient.

425. Alfiyya, ou la Quintessence de la grammaire arabe, publié en original, avec un commentaire par Silvestre de Sacy. *Paris,* 1833, in-8, br.

426. Aly ben Schems Eddin's Geschichte von Gilan, persischer Text. *Saint-Pétersbourg,* 1857, gr. in-8, br.

427. Amrulkeisi Moallakah, cum scholiis Zuzenii, edidit, latine vertit Hengstenberg. *Bonnæ,* 1823, in-4, br.

428. Anvari Soheily, published by captain Steward. *Calcutta,* 1805, in-fol. cart.

429. Antonelli. Primi principi della grammatica turca. *Roma,* 1794, in-4, d.-rel.

430. Auszüge aus muhammedanischen Schriftstellern, von Dorn. arab., pers. und turkische Text. *Saint-Pétersb.,* 1858, gr. in-8, br.

431. Ayeen Akbery, or the institutes of the emperor Akber, translated from the original persian, by Gladwin. *London,* 1800, 2 vol. in-4, d.-rel.

432. Baber (emperor of Hindustan), Memoirs, translated by Leyden and Erskine. *London,* 1826, in-4, cart.

433. Behdjet Alloghat. Dictionnaire arabe, persan et turc. *Constantinople,* 1216, Hég., in-fol., rel. orient.

434. Bible (La sainte), en langue turque, publiée par Kiepert. Gr. in-4, mar. bl. fil. tr. dor.

Bel exemplaire en grand papier aux armes de l'empereur de Russie.

435. Bowers (the) of Eloquence, being a treatise on the rhetoric, poetry and rhyme of the Persians. *Calcutta,* 1814, gr. in-8, cart.

436. Caabi Ben Sohair. Carmen in laudem Muhammedis dictum, edidit Freytag. *Halæ,* 1823, in-4, br.

437. P.-A. Caussin de Perceval. Précis historique de la guerre des Turcs contre les Russes, depuis l'année 1769 jusqu'à l'année 1774, tiré des Annales de l'historien turc Vassif-Effendi. *Paris, Le Normant,* 1822, in-8, br.

438. Ciakciak. Dizionario italiano-armeno-turco. *Venezia,* 1804, in-4, br.

439. La Colombe messagère plus rapide que l'éclair, plus prompte que la nue, traduit de l'arabe en françois par A.-J. Silvestre de Sacy. *Paris, Imprimerie impériale,* 1805, in-8, br.

440. Contes extraits du Thouthi-Nameh, traduits du persan par G.-S. Trébutien. *Paris, Dondey-Dupré,* 1825, gr. in-8, broché.

Exemplaire en grand papier.

441. Coran. Concordance du Coran, intitulée : *Nodjoum Alfourkán. Calcutta,* 1226 H., gr. in-4, cart.

442. Djamy. Joseph und Suleicha, persisch, übers. von Rosenzweig. *Wien,* 1824, in-fol. cart.

443. Dorn. De Affinitate linguæ slavicæ et sanscritæ. 1835, in-8, br.

444. Ibn-Haukal. The oriental Geography, translated by Ouseley. *London*, 1800, in-4, cart.

445. Epochæ celebriores, ex traditione Ulug Beigii. *Londini*, 1650, in-4, v.

446. Epistolæ quædam arabicæ, edidit Habicht. *Vratislaviæ*, 1824, in-4, br.

447. Erdmann. Die Schöne vom Schlosse Muhammed Nisameddin (arab. et allem.). *Kasan*, 1832, in-4, br.

448. Erdmann. Numi Asiatici musæi universitatis Cæsareæ literarum Casanensis. *Casani*, 1834, 1 tome en 2 parties, in-4, br.

449. Fasli. Rose und Nachtigall, arab. et allem., von Joseph von Hammer. *Pest*, 1834, in-8, br.

450. Tetawy Alemguiry. *Calcutta*, 1813, in-8, cart.

451. Fragments historiques. Manuscrit turc, in-12, rel.

452. Fraehn. De musæi Sprewitziani Mosquæ numis kuficis, commentationes duæ. *Petropoli*, 1825, in-4, br.

453. Fraehnii recensio numorum Muhammedanorum Acad. Imp. scient. Petropolitanæ. *Petropoli*, 1826, in-4, br.

454. Garzoni. Grammatica della lingua Kurda. *Roma*, 1787, in-12, br.

455. Garcin de Tassy. Exposition de la foi musulmane, traduite du turc. *Paris, Dufour*, 1822, in-8, br.

456. Geitlin. Dictionnaire russe-suédois. *Helsingford*, 1833, 2 vol. in-12 obl., rel.

457. Gladwin. Dissertations on the rhetoric, prosody and rhyme of the Persians. *Calcutta*, 1801, in 4, bas.

458. Gladwin. The persian monshee. *Calcutta*, 1801, in-4, mar., tr. dor.

459. Grammaire arabe, rédigée en turc. *Constantinople*, 1237, Hég., in-4, rel. or.

460. Grammaire raisonnée de la langue russe, trad. par Reiff. *Saint-Pétersbourg*, 1828, 2 vol. gr. in-8, br.

461. Grammaire turque, ou méthode courte et facile pour apprendre la langue turque, avec un recueil des noms des verbes et des manières de parler les plus nécessaires à savoir. *Constantinople*, 1730, in-4, d.-rel.

462. Guerre de Bosnie, en turc. *Constant.*, 1154 *H.*, in-4, cart.

463. Hafiz (Divan de). Manuscrit persan, in-12, sur 2 col., avec encadrements en or, rel. or.

Ce manuscrit date du dix-septième siècle ; il est mouillé, et la reliure est fatiguée.

464. Hammer Purgstall. Geschichte der Chane der Krim. *Wien*, 1856, in-8, br.

465. Hammer-Purgstall. Geschichte der Ilchane, das ist : der Mongolen in Persien. *Darmstadt*, 1842, 3 vol. in-8, br.

466. (Jos. von) Hammer. Geschichte der Schönen Redekunste Persiens. *Wien*, 1818, in-4, br.

467. Hamaker. Specimen catalogi Codicum mss. orientalium academiæ Lugduno-Batavæ. *Lugd.-Bat.*, 1820, in-4, br.

468. Ibn Haukal. Iracæ Persicæ Descriptio , arab. et lat. *Lugd.-Bat.*, 1822, in-4, br.

469. Hamasæ Carmina, arabice primum edidit Freytag. *Bonnæ*, 1826, in-4, 7 fasc.

470. Hamaker. Miscellanea Phœnicia. *Lugd.-Bat.*, 1828, in-4, br.

471. Hammer (Jos. de). Sur les Origines russes. *Saint-Péters-bourg*, 1825, in-4, br.

472. Histoire d'Arménie, en arménien. *Venise*, 1812, in-8, br.

473. Historia Iemanæ, edidit Johannsey. *Bonnæ*, 1828, in-8, br.

474. M. G. de Humboldt. Lettre à M. Abel Rémusat, sur la nature des formes grammaticales en général et sur le génie de la langue chinoise en particulier. *Paris, Dondey-Dupré*, 1827, in-8, br.

475. Ibn Foszlan's und anderer Araber Berichte über die Russen alterer Zeit. *Saint-Pétersb.*, 1823, in-4, br.

476. Ibn Batutah. The Travels. *London*, 1829, in-4, br.

477. Jaubert. Éléments de la grammaire turke. *Paris, Impr. royale*, 1823, in-4, br.

478. Jul. Klaproth. Abhandlung über die Sprache und Schrift der Uiguren. *Paris*, 1820, in-fol., br.

479. Klaproth. Tableau du Caucase et des provinces limitro-phes entre la Russie et la Perse. *Paris*, 1827, in-8, br.

480. Kosegartenii Chrestomathia Arabica. *Lipsiæ*, 1828, in-8, br.

481. L. Langlès. Les Voyages de Sin-Bâd le Marin et la ruse des femmes, contes arabes traduits par Langlès. *Paris, Impr. royale*, 1814, in-18, br.

482. (L. Victor) Letellier. Choix de fables, traduites en turc
par un effendi de Constantinople et publiées avec une version française et un glossaire. *Paris, Dondey-Dupré,* 1826,
in-8, br.

483. Lot d'environ 100 brochures sur l'Orient.

484. Lumsden. Selections for the use of the students of the
Persian class. *College of fort William,* 1810, 4 vol. in-4,
d.-rel.

485. Mille et une Nuits en arabe, publ. par Habicht. *Breslau,*
1825, 4 vol. in-12, br.
Tomes I à IV.

486. Mishcat ul Masabih. Or a collection of the most authen-
tic traditions regarding the actions of Muhammed, translated from the Arabic by Matthews. *Calcutta,* 1809, 2 vol.
in-4, bas.

487. Mirkhond. Notice sur l'histoire universelle intitulée le
Jardin de la pureté, suivie de l'Histoire de la dynastie des
Ismaéliens de Perse, extraite du même ouvrage, en persan
et en françois, par Am. Jourdain. *Paris, Impr. impériale,*
1812, in-4, br.

488. Nazmi Zadé. Le Parterre de roses des Khalifes. *Constantinople,* 1143 *Heg.,* in-fol., cart.

489. Naïma. Chronique, en turc. *Constantinople,* 1147 *Hég.,*
2 vol. in-fol., rel. orientale.

490. Nizami. Sekander-Nameh. Poëme persan, publié par
Lumsden. *Calcutta,* 1810, in-4, v. gr.

491. Testamentum Novum. Syriace. *Hamburgi,* 1664, in-12, v.

492. Notice chronologique d'une centaine d'ouvrages, tant
arabes que persans et turks, qui manquent aux bibliothè-
ques de l'Europe. *Saint-Pétersbourg,* 1834, in-4.

493. Price. A Grammar of the three principal oriental lan-
guages, Hindoostanee, Persian and Arabic. *London,* 1823,
in-4, cartonné.

494. Recueil de prières. Manuscrit arabe, pet. in-12, rel. or.

495. Abel Rémusat. Mémoires sur plusieurs questions rela-
tives à la géographie de l'Asie centrale. *Paris,* 1825,
in-4, br.

496. Reinaud. Monuments arabes, persans et turcs du cabi-
net de M. le duc de Blacas et d'autres cabinets, considérés
et décrits d'après leurs rapports avec les croyances, les
mœurs et l'histoire des nations anciennes. *Paris, Dondey-
Dupré,* 1828, 2 vol. in-8, pl. grav. br.

497. Abel Rémusat. Histoire de la ville de Khotan, tirée des
annales de la Chine et traduite du chinois, suivie de re-

cherches sur la substance minérale appelée par les Chinois pierre de Iu, et sur le jaspe des anciens. *Paris*, 1820,
in-8, br.

498. Recueil de voyages et de mémoires publié par la Société
de géographie. *Paris, Imprimerie d'Everat,* 1824, 4 vol.
in-4, br.

Tomes Ier, II et IV, contenant les voyages de Marc Paul. — Relation du
voyage de Plan-Carpin. — Voyage en terre sainte, etc.

499. Rhasis. Vocabulaire françois-turc. *Saint-Pétersbourg,*
1828, 2 p. en 1 vol. in-4, br.

500. Richardson. A Dictionary Persian, Arabic and English,
a new edition by Wilkins. *London*, 1806, 2 vol. in-4,
cart. (*Rare.*)

501. Richter. Historiæ Persarum antiquissimæ specimen.
Lipsiæ, 1795, in-4, br.

502. Samy, Chakir et Soubhy. Chronique turque en turc.
In-fol. rel. orientale.

503. Sacy (Silvestre de). Notices et extraits d'un manuscrit
syriaque, écrit en Chine, et de deux mss. persans contenant
les vies des sofis. *Paris, Imp. roy.,* 1831, in-4, br.

504. Sadi. Œuvres. In-fol. rel. or.

Manuscrit persan.

505. Sadi. Rosarium politicum. *Amst.* 1651, in-fol. vélin.

506. Schnurrer. Bibliotheca arabica. *Hallæ*, 1811, in-8, br.

507. Schmidt. Bildungsgeschichte der Völker Mittel-Asiens
(Mongolen und Tibeten). *Saint-Pétersbourg*, 1824, in-8, br.

508. Schir Eddins. Geschichte von Tarabistan, etc., persischer
Text, hgg. von Dorn. *Saint-Pétersb.*, 1850, gr. in-8, br.

509. Scheref Nameh, ou Histoire des Kourdes, par Scheref.
Texte persan. *Saint-Pétersb.*, 1860-62, 2 vol. in-8, br.

510. Schmidt. Grammatik der Mongolischen Sprache. *Saint-
Pétersb.,* 1831, in-4, d.-rel.

511. Schlegel. Réflexions sur l'étude des langues asiatiques.
Bonn, Weber, 1832, in-8, br.

512. Schmidt. Geschichte der Ost-Mongolen. *Saint-Pétersbourg*, 1829, in-4, br.

513. Tesoro della lingua greca volgare ed italiana posta in
luce dal padre Tomaso da Parigi. *Parigi, Guignard,* 1709,
in-4, v. br.

514. Soheïli Effendi. Histoire d'Égypte en turc. *Constantinople,* 1142 *H.*, pet. in-4, rel. orient.

515. Soorah (the). A dictionary of Arabic words explained in Persian. *Calcutta*, 1812, 2 vol. in-4, cart.

516. Tarikh Fenaï. Histoire des anciens rois de Perse, par Aly Chyr, en turc. *Vienne*, 1199 *Heg.* in-4, rel. or.

517. Tahcin-Uddin. Les Aventures de Kamrup, traduites de l'hindoustani par M. Garcin de Tassy. *Paris*, 1834, in-8, br.

518. Tatischeff. Dictionnaire complet français et russe. *Moscou*, 1816, 2 vol. in-4, br.

519. Testament (Nouveau) en arabe. *Londres*, 1820, in-8, bas.

520. Tograi Carmen, ar. et lat., ed. Pococke. *Oxonii*, 1661, in-12, v. br.

521. Tohfet Almanzhoume aldourige. *Constantinople* (1215 Hég.), pet. in-4.

522. Transactions of the Royal Asiatic Society of Great Britain and Ireland. *London*, 1831, 3 part. in-4, br. (Tome 3ᵉ.)
Ce volume renferme un mémoire de Grotefend sur les inscriptions de Lycie et de Phrygie.

523. Tychsen. Grammatik der Arabischen Schriftsprache. *Gottingen*, 1823, in-8, br.

524. Vankouly. Dictionnaire turk. *Constantinople*, H. 1217, 2 vol. in-fol. rel. orientale.

525. Vita sultani Saladini, ex Abulfeda. *Lugd.-Bat.*, 1732, in-fol. d.-rel.

526. Vocabolario italiano-turchesco. *Roma*, 1665, 3 vol. in-4, parch.

527. Wassafs Geschichte, Persisch, herausgg. von Hammer Purgstall. *Wien*, 1856, gr. in-8, br. (Tome 1ᵉʳ.)

---

528. Recherches sur divers lieux du pays des Silvanectes, par Peigné-Delacourt. *Amiens*, 1864. — L'Hypocauste de Champlieu, près de Pierrefont, par Peigné-Delacourt. *Beauvais*, 1867, 2 part. in-8, br.

529. Recherches sur la position de Noviodunum Suessionum, par Peigné-Delacourt, avec supplément. *Amiens*, 1856-59, 2 vol. in-8, br.

530. Agnès Sorel est-elle Tourangelle ou Picarde? par Peigné-Delacourt. *Noyon*, 1861, in-8, br.

531. Analyse du roman de Hem, du trouvère sarrasin, par Peigné-Delacourt. *Arras*, 1854, in-8, br.

532. Les Miracles de Saint-Éloi, poëme du XIIIᵉ siècle, publié et annoté par Peigné-Delacourt. *Paris*, *s. d.*, in-8, cart. fig.

533. Recherches sur le lieu de la bataille d'Attila en 451, avec supplément, par Peigné-Delacourt. *Paris*, 1860-1866, 2 part. in-4, br. fig. col.

534. Fac-simile de quatre Chartes du XIIᵉ siècle, concernant Compiègne, Pierrefont et Noyon, accompagnées du texte latin et de la traduction française, par Peigné-Delacourt. *Paris*, 1864, in-4, cartonné.

535. La Chasse à la haie, par Peigné-Delacourt. *Paris*, 1858, gr. in-4, cartonné, fig. col.

536. Œuvres de Balzac. *Leyde, Elzevir*, 1651-1663, 6 vol. in-12. — Le Socrate chrétien. *Paris, Courbé*, 1661, in-12.

Exemplaire dérelié. Le Socrate chrétien est piqué. — Les *OEuvres diverses* ont quelques feuillets plus courts.

537. Histoire entière déduite depuis le déluge jusques au temps présent, par Jean Sleidan. *Chez Jean Crespin*, 1561, in-fol. rel.

538. Le Théâtre italien, ou le recueil de toutes les comédies et scènes françoises qui ont été jouées sur le théâtre italien par la troupe des comédiens du roy de l'hôtel de Bourgogne (par Gherardi). *Paris*, 1691, in-12, vélin.

539. Fables choisies, mises en vers par M. de la Fontaine. *Paris, Denys Thierry et Claude Barbin*, 1678, in-12, figures.

Tomes I et III de l'édition originale.

540. Mémoires pour servir à l'histoire du cardinal duc de Richelieu, recueillis par le Sʳ Aubery. *Cologne, Pierre Marteau (Holl., à la Sphère)*, 1667, 5 vol. in-12, vélin.

541. Le Chef-d'œuvre d'un inconnu, par le Dʳ Mathanasius (de Sainte-Hyacinthe). *Lausanne*, 1758, 2 vol. in-12, bas.

542. Les Caractères de Théophraste, avec les Caractères ou les mœurs de ce siècle. *Paris, Michallet*, 1694, in-12, v.

Huitième édition.

543. Mélanges de poésies et de prose, par madame la comtesse de Vidampierre. *Londres*, 1777, in-16, br.

544. Fleur de la maison de Charlemagne, qui est la continuation des Antiquitez françoises, recueillie par le président Fauchet. *Paris*, 1601, pet. in-8, vélin.

545. Œuvres diverses du Sʳ D*** (Despréaux). *Paris, Cl. Barbin*, 1683, 2 t. en 1 vol. in-12, v.

Édition originale des épîtres 6 à 9 et des 5ᵉ et 6ᵉ chants du Lutrin.

546. Les Œuvres diverses du Sr Boileau-Despréaux. *Paris,
Denys Thierry*, 1701, 2 vol. in-12, v. fig.

Dernière édition, donnée par l'auteur; on y a joint les figures de l'édition
de 1694.

547. La Chute d'un ange, épisode par Lamartine. *Paris,
Furne*, 1862, gr. in-8, d.-rel. mar. v. tr. sup. dorée, fig.

548. Description des monuments de sculpture réunis au musée
des monuments français, par Al. Lenoir. *Paris, an VI.* —
Hist. des arts en France, par Al. Lenoir. *Paris*, 1810. —
2 vol. in-8, d.-rel.

549. Lettres inédites de Voltaire, de mad. Denys. *Paris*, 1821,
in-8, d.-rel. — Lettres inédites de Voltaire à Frédéric le
Grand. *Paris*, 1802. — Pièces inédites de Voltaire, 1820,
in-8. — Tableau philosoph. de l'esprit de Voltaire. *Genève*,
1771, in-12. — Ensemble 5 vol. rel.

550. Histoire des papes et souverains chefs de l'Église (par
André Duchesne, Tourangeau). *Paris, Nicolas Buon*, 1616,
2 vol. in-4, vélin. *Titres gravés par Léonard Gaultier.*

551. Vie de Jacques II, roi d'Angleterre, par le R. Clarke, tr.
de l'anglais par J. Cohen. *Paris, Arthus Bertrand*, 1819,
4 vol. in-8, d.-rel. *Portrait.*

552. Hallam. Histoire constitutionnelle d'Angleterre, trad. par
Guizot. *Paris*, 1828, 5 vol. in-8, d.-rel.

553. Correspondance secrète entre Ninon de Lenclos, le
marquis de Villarceaux et mad. de Maintenon. *Paris*, 1805,
in-12, br.

554. Abrégé de l'histoire ecclésiastique de Fleury, traduit de
l'anglais (par l'abbé de Prades, l'avant-propos par le roi de
Prusse). *Berne*, 1767, 2 vol. in-12, v. tr. dor.

555. Columna Antonino dicata, a Petro Sancte Bartolo, ære
incisa. *Romæ*, 1704, in-fol. obl. 80 *planches.*

556. Histoire et voyages. — 64 volumes in-8 et in-12.

Ce lot sera divisé.

FIN.